VERSOS ATREVIDOS

* Poemas *

Antonio Doñoro Fernández

Primera edición: noviembre 2022
Segunda edición: abril, 2024

Título original: Los versos atrevidos
Autor: Antonio Doñoro Fernández
Maquetación: Andrés Cárdenas Negre

ISBN: 978-84-128748-8-4

Editorial Rapitbook
07009 Palma de Mallorca
www.rapitbook.com

Impresión y encuadernación: Impresrapit
www.impresrapit.com

Impreso en España - *Printed in Spain*

ÍNDICE

PRÓLOGO

Este libro es para los valientes, los osados, los atrevidos; para los justos, los nobles, los compresivos; para los solidarios, los grandes de corazón y sentimiento, para los que dedican su vida a una noble causa.

Para los intrépidos, los luchadores, los alegres, los tristes, los solitarios, para los que sufren de tristeza y soledad. Para los libres, los humillados, los oprimidos, para los que sonríen y para los que nunca dejan de llorar.

Para los tolerantes, los intolerantes, para los buenos, para los malos, para los pacíficos, los violentos, para los culpables, los inocentes, los sospechosos, Para los que sueñan dormidos y despiertos, para los que callan, para los que nunca dejan de hablar, para los que desde el silencio aún hacen oír su voz.

Para los falsos, los verdaderos, para los humildes, los prepotentes, los poderosos, para los farsantes, los hipócritas, los mentirosos, para los ricos, para los pobres, para los egoístas, para los generosos, para los que luchan por la justicia y aún creen en la verdad.

Para la vida, para la paz, para la esperanza, para el amor. para la libertad que nos da alas para poder volar, ¡para la justicia! Para un mundo mejor.

Y para ti... para que nunca dejes de soñar.

LOS VERSOS ATREVIDOS

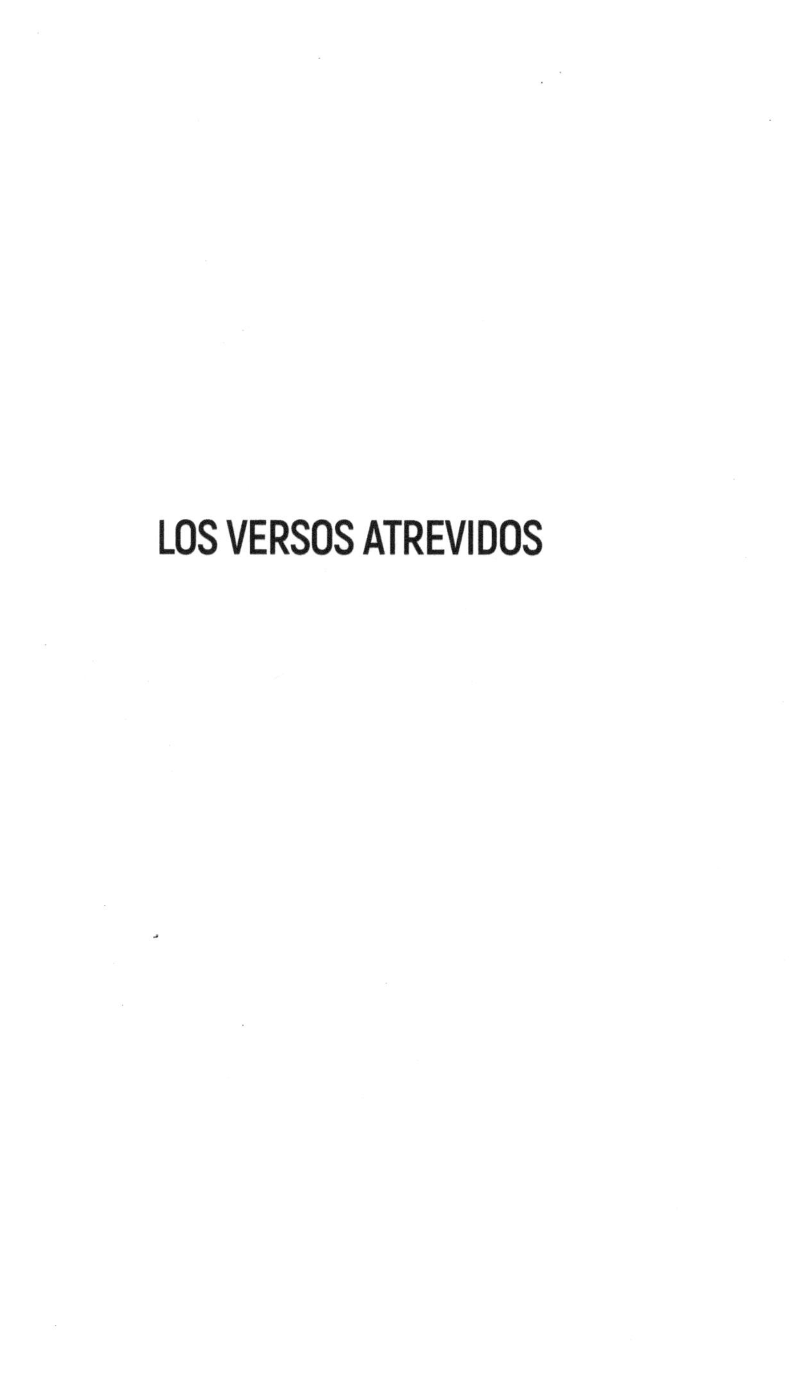

Porque ahora es el tiempo
de volver a empezar,
de salir a la calle
y no dejar de luchar,
de vencer a los miedos
que no nos dejan soñar.

SOBREVIVO

Sobrevivo al tiempo y a las cosas,
a la muerte y a la vida equivocada,
a las canciones tristes, a las palabras hermosas.
Sobrevivo a tu silencio y a mi voz desesperada.

Sobrevivo al olor de las cloacas, al perfume de las rosas,
al invierno triste y frío, a las primaveras soñadas.
Sobrevivo al frágil vuelo de las mariposas
y al vuelo de los “buitres” de alas ensangrentadas.

Sobrevivo a la hipocresía con todas sus caretas.
Sobrevivo como un yonqui adicto a la tristeza y a la soledad.
Sobrevivo... como casi todos los poetas
inyectándome fantasías para no morir de realidad.

Sobrevivo a los besos, los abrazos,
a las lágrimas de cada despedida,
al dolor que no es justo pero que es verdadero.
Sobrevivo a la tristeza con la sonrisa prohibida.
Sobrevivo... pensando en ti mientras te espero.

Sobrevivo a la cobardía de tus besos, al dolor de cada herida.
Sobrevivo a los recuerdos en el olvido prisionero.
Sobrevivo a cada guerra, a cada batalla perdida.
Sobrevivo... solo para decirte que te quiero.

Sobrevivo a la tristeza y a la tiranía de estos versos,
al miedo, al llanto y al silencio atroz.
Sobrevivo... ¡¡como un poeta gritando!!
hasta que ya solo sean tus besos
los que me tapen la boca...
los que me apaguen la voz.

LA VERDAD ATREVIDA

Ya sé que no te gustan mis poemas,
vivo peligrosamente con la verdad atrevida,
saludo a la tristeza con la sonrisa bien llena,
yo no tengo la culpa de todas tus heridas,
de todo tu dolor, del mundo y de sus penas,
la culpa la tiene "Dios" que se inventó la vida
para darles de comer a todos los "buitres" y a las "hienas".

El dolor siempre anda suelto
con las heridas cosidas;
en los jardines del miedo
crecen las flores prohibidas.

Por las calles del silencio
pasa un poeta suicida,
libre como el pensamiento
con la voz y la palabra encendida,
jugándosela a cada verso
con la verdad atrevida.

Por los relojes sin tiempo
pasan las horas vencidas,
en las páginas del viento
escribo las cartas que olvidas
con los renglones derechos
y las palabras torcidas.

Ya no bastarán tus besos
para curar mis heridas,
porque yo siempre soy el muerto
en todas las despedidas;
porque aún hay guerras que empiezo
con las batallas perdidas.

13 ROSAS

Sobrevivimos...
A los que han sido, a los que no les han dejado ser,
a las fosas comunes, a las tapias de cementerio,
a la muerte que no espera;
a los que se han ido y ya no pueden volver.
A las trece rosas...
A las flores que mueren sin tener primavera,
al dolor de la conciencia que no deja de doler;
al tiro en la nuca, a la mano cobarde y traicionera,
a las heridas del alma que no se pueden coser;
a la voz amordazada, a la palabra del silencio prisionera.
A los jardineros del odio que por muchas flores que corten
¡siempre volverán a florecer!

A VECES...

A veces soy todo, a veces soy nada,
a veces tan solo una sombra en la luz,
a veces soy solo una triste mirada
que tiene en el alma una espina clavada,
un hombre que lleva en la espalda una cruz.

A veces soy un cuento que nadie ha leído,
a veces mentira, a veces verdad,
a veces soy un soldado que muere de olvido
en la triste trinchera de su soledad.

A veces soy el humilde pañuelo
que seca tus lágrimas cuando la tristeza te hace llorar,
a veces soy ese trocito de cielo
por donde tus alas aún pueden volar.

A veces soy el hombre que no ha existido
que se llena de olvidos para recordar,
a veces soy ese caso perdido
con el que nadie se quiere encontrar.

A veces soy un loco con mucho sentido,
otras veces soy como un cuerdo de atar,
a veces soy un poeta de verso atrevido
al que siempre le cuesta rimar,
un poeta sin miedo al silencio ni al ruido
al que nunca le tiembla la voz al hablar.

A veces soy lo que nunca he querido
un lobito bueno entre corderos muy malos,
un bufón en un reino perdido,
el que se lleva los golpes, las ostias y todos los palos.

POR TODO

I

Por las veces que caemos
y ya no nos levantamos,
por las veces que mordemos
el aire que respiramos.

Por las veces que nos vemos
pero nunca nos miramos,
por las veces que nos perdemos
siempre que nos encontramos.

Por las ganas que tenemos
de los besos que no nos damos.
Por las veces que aún creemos
los cuentos que nos contamos.

II

Por las mentiras que decimos,
la verdad que nos callamos.
Por las ventanas que abrimos,
por las puertas que cerramos,
por los muros que construimos,
los puentes que derribamos,
por las veces que morimos
cada vez que no soñamos.

III

Por las veces que partimos
y ya nunca regresamos.
Por las veces que recorrimos
los caminos que no andamos,
sin saber de dónde venimos,
sin saber a dónde vamos,
hasta que un día nos morimos
sin saber en dónde estamos,
entonces nos convertimos...
en el polvo que pisamos.

GENTE

Hay gente que habla sola por las avenidas
murmurando siempre la misma oración.
Hay muertos que van perdonando vidas,
vivos que hacen de muertos por devoción.

Hay vírgenes tristes, dioses suicidas
soñando cruces en procesión,
heroínas que luchan para ser vencidas
en las duras batallas del corazón.

Hay palabras rectas que a veces salen torcidas
aunque se escriban en un renglón.
Hay bocas que buscan en otras bocas perdidas
el aire que les falta a su respiración.

Hay gente que entra buscando una salida
y de pronto se encuentran solos en un callejón,
gente que va huyendo de su propia vida
porque les asfixia más la soledad...
que la contaminación.

LOS VERSOS ATREVIDOS

Hay gente que vive de prisa y los mata la calma,
gente sin cuentas pendientes a los que todos los días
la vida les pasa facturas.
Gente que nunca se muere pero que siempre las "Palma".
Hay amantes de bocas hambrientas devorándose a oscuras.
"Penitentes" en procesiones etílicas a la luz del alba
esnifando tristezas, vomitando amarguras.
Hay lobos y caperucitas perversas que viven del cuento
con mentiras tan verdes que se caen de maduras.
Hay gente que cree que no existe el alma
pero que ya le empiezan a ver las costuras.

Me dejó... y tenía razón,
me quede con la frase en la boca
pidiendo perdón,
apurando una copa
de resignación.

Y se fue con una canción
subiendo la nota,
bajando el telón,
preparando la ropa
para otra función.

Se fue haciendo la loca
por el callejón,
estrenando sonrisa
para la ocasión,
mientras firmaba el acta
de mi defunción.

Me dejó como un reo
sudando la gota
contra el paredón,
con esa lotería que siempre me toca
con todos los números
en ningún cupón.

Me quede como un tahúr
echando una mano
con mi perdición,
con cara de póker,
sonrisa de idiota,
apostándolo todo
a la imaginación,
con un as y un sota,
oliendo a derrota
y a desesperación.

Ella... que era la santa
de mi devoción,
se fue dejándome a solas
con mi maldición,
con el alma rota
y una esquela tatuada
en el corazón.

MALDITOS...

Maldita la voz que a mi voz no responde,
malditos los miedos que roban los sueños y ponen cadenas;
maldita verdad que en la mentira se esconde;
malditas las guerras, el hambre, las penas;
malditas las tumbas con muertos sin nombre,
maldita la sangre que corre sin venas.

Maldita la tierra desde sus cimientos,
maldita el hambre que tiene fronteras,
malditos profetas con sus mandamientos,
maldito el odio que agita banderas.
Malditos los vivos, malditos los muertos,
maldito el dolor que alimenta a las fieras,
¡maldita la paz que cava trincheras!
Malditos farsantes con los mismos cuentos,
malditas mentiras que son verdaderas.

FARSANTES

Hay poetas de versos imperfectos
que reniegan de toda perfección.
Hay Dioses que firman leyes y decretos
en "cielos" con derecho de admisión.

Hay tertulianos con discursos viejos y acentos incorrectos
con la voz y la palabra a sueldo fijo y comisión.
Hay delincuentes y galanes obsoletos
que no saben lo que es robar un corazón.

CUENTOS I

Había un príncipe déspota y canalla
con un trono de grandeza en un cuento barato.
Había un héroe que nunca había ganado una batalla
que quería ser un león y maullaba como un gato.
había gente cobarde que tiraba la toalla
más veces en la vida que en la playa.

Había un amante cautivo de un corazón ingrato,
Un pintor con la vida prisionera en un retrato.
Había "listos" que se pasaban de la "raya"
Esnifándose la vida a cada rato.

CUENTOS II

Había cuentos que ya estaban caducados,
un charco que se convertía en mar,
había cenicientas sin zapatos ni príncipes encantados,
un pirata con el corazón a punto de naufragar.

Había un genio sin lámpara encantada,
un caminante que nunca sabía a dónde ir,
había un rey de todo el reino de la nada
y un payaso triste que me hacía sonreír.

Había bocas marchitas de besos oxidados,
un mundo lleno de alas sin cielos para volar;
había versos de amor escritos en cuadernos olvidados,
había gente callada que daba mucho que hablar.

Había pastores de esperpénticos rebaños,
reunidos en orgías de ignorancia y necesidad;
había bufones ocupando tribunas y escaños
disfrazados con caretas de hipocresía y falsedad.

Había un poeta que escribía versos con la mirada,
una humanidad bailando sobre la cuerda floja;
había idiotas e ignorantes en manada,
había un lobo feroz huyendo de Caperucita Roja.

Había princesas sin fiestas de cumpleaños,
gente que nunca volvía a casa por Navidad;
había amantes que siempre eran dos extraños,
había mentiras más ciertas que la verdad.

SOBREVIVIMOS...

Al que camina y revienta,
al que revienta por no poder caminar.

Al que habla más de la cuenta,
y al que nunca le dejan hablar.

A las arrugas del alma
que no se pueden planchar.

Al dolor que siempre me recuerda
lo que nunca se debe olvidar.

SOLEDAD

Cuando los has dado todo
y ya no tienes nada,
cuando ya no esperas nada de nadie,
porque ya nadie se acuerda de ti...
Cuando un día de repente
te encuentras solo
y sientes que ya no extrañas a nadie,
entonces te das cuenta...
Que el mejor amigo que tienes
eres tú.

LIBRE Y ATREVIDA

Tú eres una historia prohibida
que ahora ya se puede contar,
porque ya no eres la cenicienta en un cuento perdida
donde un príncipe malo te hacía llorar.

Porque tú eres la reina de tu propia vida,
porque nunca has dejado de soñar...
porque nunca te das por vencida,
porque ya no te hace falta rezar...
Porque tú... no necesitas ninguna corona
para empezar a reinar...

Porque eres libre, rebelde y atrevida,
porque no tienes miedo a volar.
Porque a ti... no te hace falta ninguna guerra
para salir a luchar...

Porque tú eres una llama encendida
que ni la lluvia ni el viento
han podido apagar...
Porque tú estás hecha de todos los sueños,
de pedacitos de cielo, de tierra y de mar,
porque tú... no necesitas ser una estrella
para que puedas brillar.

VOCEROS

Pasan los farsantes, los hipócritas y embusteros,
los embaucadores de lengua larga y discurso corto,
los ventajistas, corruptos y trileros,
pasan gritando mentiras los falsos voceros.
Pero yo... los únicos ladridos que soporto
son los de los perros.

Se fue una mañana de abril
cuando empezaba a llover,
sin que la vieran partir
para nunca más volver.

Se fue sin dejar de sonreír,
con las cuentas sin hacer
en las cosas del vivir,
en las cosas del querer.
se fue en un triste amanecer
entre cartas sin abrir
y periódicos sin leer.

Se fue aquella solitaria mujer
a quien nadie extraña ni espera,
con los recuerdos de ayer
enterrados bajo tierra.

Se fue... despacito a su manera,
cuando empezaba a no ser
y no sabía quién era,
se fue como una flor en primavera
sin llegar a florecer.

Se fue...en la soledad de un hotel
en una tierra extranjera,
con mil heridas en la piel
hechas en la última guerra.

Se fue... con una foto de él
guardadita en su cartera,
de él... que era un soldadito fiel
que se murió entre sus piernas
sin abandonar la trinchera.

La gente de aquel lugar
habla de una paloma extraña,
que se encontró al despertar
con tanto viento en la cara
que no pudo respirar,
aquella paloma extraña
tenía el cielo en sus alas
y se murió sin volar.

A mí me contaron un cuento
que nunca pude entender,
yo quise ser un momento
y no me dejaron ser.

Ahora escribo estos versos
que nadie quiere leer,
porque mis palabras son como dientes
que salen del pensamiento
dispuestas para morder,
por eso no me arrepiento
de a quién les puedan doler.

A mí me contaron un cuento
que nunca pude entender,
la justicia es la marioneta del tiempo
en el teatro de lo esperpento
que solo sirve al poder.

Justicia al tanto por ciento,
corrupta, de despacho, con caja registradora,
para comprar y vender.
Justicia de hipócritas sin sentimiento,
que quieren darle al hambriento
mentiras para comer.

A mí me contaron un cuento
que nunca pude entender,
el Sol salía de noche,
la Luna al amanecer.
Ahora siempre me encuentro
cansado de tanto ir y volver,
por eso nunca me siento
por si hay que echar a correr.

A mí me contaron un cuento
que nunca pude entender,
por eso no te lo cuento
porque no te lo vas a creer.

SOBREVIVO...

Al veneno y a la asfixia del tabaco que no fumo,
a la ignorancia, que es ceguera que no nos deja ver.
Sobrevivo... al dolor y a la tristeza que consumo,
a la alegría que me resta y que no sumo,
a los que no han sido porque no les han dejado ser.
A los farsantes y a los embaucadores que solo venden humo,
a los políticos que ya no saben lo que hacer
y nos quieren vender motos que son muy malas de vender.

LOCA Y LIBRE

(A mi amiga Dara)

A ti te dicen "la loca"
por esa manera tan tuya de hablar...
porque no dejas que nadie te tape la boca,
porque no dejas que nadie te obligue a callar,
porque el silencio pone mordazas
que solo tu voz las puede arrancar...

Porque siempre vas vestida de fiesta
oxigenando el aire al caminar,
porque tú eres más verdad y más cierta
que el aire que se necesita para respirar.
Porque a ti no te hace falta que suene la música
para empezar a bailar.
Porque tu sonrisa es el Sol que a la vida despierta
y ni siquiera tus lágrimas la pueden borrar.

Porque tú eres libre como el pensamiento,
porque nunca has dejado de soñar,
porque tú perteneces al viento,
porque no tienes miedo a volar,
porque tus alas son tuyas a cada momento
y el cielo nadie lo puede comprar,
porque tú... no eres la cenicienta de un cuento,
de esos que solo nos hacen llorar.

Hay besos cautivos de bocas marchitas,
gente que alivia sus penas con una oración,
hay poetas proscritos que escriben sus versos en hojas malditas
y se dejan la vida en cada renglón.
Hay palabras que aún no han sido escritas,
palabras sin voz que en silencio recitas
y se quedan perdidas en el corazón.
Hay mujeres que son ¡¡tan bonitas!!
que nunca saben lo hermosas que son.

A esta historia que no estaba escrita
le voy poniendo la voz:
Ella no es caperucita
ni yo el lobo feroz.

Entre el dolor y la pena
voy escribiendo esta canción,
ni chutes, ni alcohol en vena
sus besos son mi adicción,
ella es María Magdalena
y yo un cristo sin resurrección.

Voy con el paso cambiado
sin rumbo y sin dirección,
soy un poco despistado
nada me cae de cajón,
yo siempre me la he jugado
apostando el corazón.

Ella era una hermosa guerrera,
yo un soldado de ocasión,
y en un motel de carretera
me propuso ir a la guerra
y esa fue mi perdición.

Como un soldado de primera
ya experto en la instrucción,
agarrado a sus caderas
cabalgue la noche entera
sin perder la posición.

Con sus piernas de trinchera
disparando a discreción,
entre polvo y polvareda
me llegó la inspiración:
Con lengua dinamitera
en medio de una explosión
yo le dije: compañera,
¡¡esto es la revolución!!

Los sueños mueren en silencio
en la noche eterna del mar,
todo acaba en un momento
sin apenas tiempo para poder empezar.
La vida se asfixia con su propio aliento,
maldigo la soledad, maldigo el tiempo,
¡¡maldigo todo el aire que me toca respirar!!

Busco la vida en cada uno de tus besos,
en tus ojos busco el cielo por donde poder volar,
te busco por los caminos del viento
donde los pies nunca dejan huellas al andar.

Te busco en la noche a través de los recuerdos
para tener algo hermoso con lo que soñar,
pero los muertos no lloran ni tienen sueños,
ni esperan al tercer día para resucitar.

El poeta es el único capaz
de acariciarte el cuerpo
y desnudarte el alma
sin necesitad de mirarte ni tocarte,
porque los ojos y las manos de un poeta
están en todas sus palabras.

BAILARINA

Tú vas cómo va la vida
bailando siempre sobre la cuerda floja,
conquistando reinos
entre copa y copa,
regalando besos
con sabor a humo y a vodka.

Vas vendiendo un cuento
que nadie te compra,
exhibiendo un cuerpo
que apenas provoca,
habitando un tiempo
que ya no te toca.

Vas volando libre,
vas volando loca,
vestida de sueños,
desnuda de ropa,
en un vuelo imposible
de alas cautivas
en jaulas de heroína y coca,
enganchada al "caballo" blanco
que de forma invisible
por tus venas galopa,
respirando el aire
que asfixia tu boca.

Vas venciendo al miedo
con otras derrotas,
eres como una paloma
tendida en el suelo
con el corazón partido
y con las alas rotas,
levantando el vuelo
cuando te colocas,
alcanzando un cielo
que ya nunca tocas.

POETA

Ten cuidado poeta con la gente que quedas,
aún hay sombras que acechan en la oscuridad,
vas andando caminos, vas cruzando veredas,
tus pasos te llevan hacia la soledad.

Ten cuidado poeta con la gente que quedas,
el miedo es el carcelero de tu libertad,
tus palabras son alambres de espino
donde a veces te enredas
y te desgarran el alma sin ninguna piedad.

Ten cuidado poeta con la gente que quedas,
de tanto vivir de sueños mueres de realidad,
ya no hay palomas que vuelen por las alamedas,
ya no hay borrachos ni niños que digan la verdad.

LA CALLE DONDE VIVO

I

Por la calle donde vivo
siempre soplan malos vientos;
pasan los perros con sus ladridos,
los hombres con sus lamentos,
pasan los que siempre están dormidos
para no soñar despiertos.

II

Pasan los tristes, los oprimidos
como en una procesión de hambrientos
masticando penas y olvidos,
vomitando sufrimientos,
pasa el Cristo de los perdidos
por la calle de los desencuentros,
pasan con los pasos confundidos
dos penitentes furtivos
rezando tres Padrenuestros,
pasa un corazón sin latidos
ahogado por sus tormentos.
Pasan los déspotas, gobernantes corrompidos
con sus falsos juramentos.
Pasan príncipes que son mendigos
y princesas de muchos cuentos.

I

Damos vueltas sin sentido
hasta que de pronto nos paramos,
sin saber de dónde hemos venido,
sin saber a dónde vamos,
cansados de haber vencido
en guerras que nunca luchamos.

II

Al final del recorrido
sin saber cómo llegamos
de todo lo que hemos vivido
poco o nada recordamos.

Sin nada hemos venido
y ya sin nada nos vamos,
de todo lo conseguido
solo penas nos llevamos.

III

En este mundo hemos nacido,
en este mundo nos quedamos,
como polvo esparcido
por la tierra que un día pisamos,
sin saber si hemos existido
o solo fue un sueño
del que aún no nos hemos despertado.

EXISTO

Existo porque vivo, porque pienso,
porque aún soy capaz de soñar...
Tú pasas oxigenando el aire con tus besos
pero aun así... me cuesta respirar...

Hay poetas que escriben versos con la mirada
que van contando la vida a su propio modo,
que llevan una rosa en la boca,
y una espina en el alma siempre clavada.

Soldados que van a una guerra diaria
luchando con la palabra codo con codo,
poetas de voz callada
que a veces parece que no dicen nada
pero al mismo tiempo lo dicen todo.

CALLAN LOS POETAS

El pan sabe a hambre,
Federico Garcia,
a libertad con mordazas
y a una paz de agonía.

Por los callejones de la morería
lloran los leones
con feroz cobardía,
rugen los farsantes,
¡tiembla Andalucía!

Por Sierra Morena
de noche y de día,
llorando de pena
va la Macarena
¡Federico Garcia!

El miedo es cobarde,
Federico Garcia,
el Sol está frío y la Tierra arde,
callan las guitarras,
se apagan las voces de la bulería.

Salen a la calle los falsos profetas
con todas sus mentiras,
con todas sus caretas,
contaminando el aire con su hipocresía.
Gritan los infames, callan los poetas,
¡Llora Andalucía!

Sobre las cunetas
los muertos sin nombre
¡gritan todavía!
Por el Sacromonte
lloran los gitanos
Federico Garcia.

PRINCESA I

Tienes sueños de grandeza
pero vives equivocada,
eres solo una princesa
en el reino de la nada,
con un trono de tristeza
y una corona oxidada.

Pero... ya no te creas princesa
los cuentos que te han contado:
ya no existen Cenicientas,
ni príncipes encantados,
solo hay sapos de discoteca
y galanes fracasados.

Piratas de almas tuertas
y corazones naufragados,
Caperucitas perversas
con lobos amaestrados,
brujas hermosas de mentiras ciertas
y besos envenenados.

Palomas que vuelan quietas
por cielos prefabricados,
lobos con piel de oveja
y "buitres" apostados,
¡¡hijos de las cuatro letras!!
de corderos disfrazados.

Millonarios de pobrezas,
ignorantes doctorados,
charlatanes de simplezas
de silencios violados
y algún que otro poeta...
con sus versos caducados.

Siempre habrá perfume
en las manos que cortan la rosa,
como el beso que dejan los labios
en las manos cobardes
que nos tapan la boca.

Sobrevivo...
Al veneno que me das en cada beso,
a la fragilidad emocional de nuestros corazones.
Sobrevivo... a la verdad relativa de las razones de peso
que a veces le sobra peso y le faltan razones.

Sobrevivo... al amor efímero, al dolor que me perdura,
a las veces que te olvido y te recuerdo,
sobrevivo... a esta vida que me asfixia y me tortura.
Sobrevivo... por qué ahora volverse cuerdo...
sería una locura.

PALABRAS

Hay palabras que se mueren en la boca
prisioneras del silencio,
del miedo y de la soledad.
Palabras hechas de sueños
que a veces son realidad.

Palabras llenas de sentimiento
escritas con humildad,
que salen del pensamiento
y crecen con la verdad.

Palabras que sobreviven al tiempo
con alas de eternidad,
que pertenecen al viento
y a toda la humanidad.
Palabras que cada vez que las dices
recobran su libertad.

A esos valientes, a esos matones,
a esos héroes de cuentos baratos
qué tienen miedo de los ratones.
A esos que maúllan como los gatos
y creen que rugen como leones,
esos que van fumando la vida a ratos
y les da lo mismo pares que nones.

Ignorantes atrevidos
poniendo rejas en el viento.
"Cristos" arrepentidos
que huyen del sufrimiento.

HABLO...

Al amor mal concebido
que arde en un fuego sin llama,
a los que nunca se han querido
y duermen en la misma cama.

Al que le pone un traje al sentido
y al corazón un pijama.
Al que te cuenta al oído
secretos que en alta voz ya proclama.
Al falso, al mal nacido
que escupe en la teta que mama,
al que camina torcido
y va derecho a la fama.

Hablo...
Al héroe que cae vencido
en cada batalla que gana,
al cuento que está prohibido
porque cenicienta es lesbiana.
Al beato arrepentido,
al pecador con sotana;
al joven, que de pronto una mañana
se despierta viejo y confundido
porque sin querer le ha salido
en el corazón una cana.

GENTE

Gente que va caminado sola por las avenidas
con la tristeza en la misma dirección,
gente que va cerrando puertas y abriendo heridas,
que se levanta de sus caídas
llevando cruces en procesión.
Beatos que van con sus oraciones podridas
adorando santos sin devoción.
Amantes que buscan en bocas prohibidas
los besos que les faltan a su respiración.
Heroínas que luchan en guerras perdidas
en la soledad de las trincheras del corazón.

LA VIDA ES UNA LOCURA

Te necesito
Para poder resistir,
para dejar en la memoria
que lo que importa es vivir,
porque la vida es una hermosa historia
que todos juntos tenemos
que acabar de escribir.

Porque por muy dura que sea la caída
hay que volverse a levantar,
Porque a pesar de cada golpe de cada herida,
de cada guerra, de cada batalla perdida,
siempre habrá una noble causa
por la que merezca la pena luchar.

Porque aunque la noche sea triste y oscura
siempre habrá un nuevo amanecer,
porque la vida es una locura
que ningún cuerdo sabe entender,
porque a mí me gusta la literatura
y tú eres la princesa del único cuento
que quiero creer,
porque tú mi dulce criatura
eres ese hermoso poema
que aún tengo que acabar de leer.

Porque ahora amiga mía...
no hay que dejar de soñar,
porque hoy comienza un nuevo día,
porque hay que salir a la calle
y no dejar de bailar,
porque hay que morir de alegría,
porque si te gusta la música
vivir... es tu melodía.

SOBREVIVO...

A las veces que me busco y no me encuentro,
a los idiotas enteros de media foto.
A las procesiones que nunca salen
porque siempre van por dentro,
a los políticos, farsantes y trileros
que siempre nos quieren vender la moto.

LIBERTAD

Si no hay libertad
la vida no vale nada.
Que nadie nos tape la boca,
ni nos prohíba la palabra,
que nadie nos borre una coma,
ni una palabra tachada,
que nadie nos obligue a callar,
a tener la boca cerrada,
¡¡que nadie haga de nuestra voz
una paloma enjaulada!!
Porque si no hay libertad para hablar,
para poder respirar...
¡¡la vida no vale nada!!

LOS DÍAS TRISTES

Respiro el aire triste de las calles
mezclado con el monóxido de carbono
del humo mortecino de las fábricas.
Escucho el murmullo fúnebre de las voces de la gente,
el infernal ruido de los motores de los coches,
el sonido funerario de las ambulancias.
El tiempo es de tristeza, las horas demasiado largas,
tus besos son demasiado dulces
para estas noches amargas.

Siento el color de los sueños
que vuelan por las postales,
el olor de los antibióticos,
el silencio serio de los hospitales.
Veo en la sonrisa de un niño
la tristeza de un hombre llorando tras los cristales.
Siento el sabor de tus besos
que me saben a humo de tabaco,
a excesos de alcohol
y a miserias mentales.

Siento como la vida poco a poco se me va volando
¡¡aquí... delante de este puto ordenador!!
atrapado en la soledad de las redes sociales.
Aquí... donde la vida tiene otro color,
donde la muerte se viste de fiesta en los funerales.
Aquí... donde los "dioses" escriben cartas de amor
mientras firman penas capitales.
Aquí... donde un día a ti princesa se te fue la vida
esnifando sobredosis de tristeza y de dolor
y enterrando sueños en las fosas nasales.

Llega la hora de nuestra despedida
en el gran teatro del mundo
ya se ha acabado la función,
se han apagado las luces
y se ha bajado el telón.

Ahora todos somos iguales,
todos estamos en la misma puerta de salida,
sin diferencias de clases, de raza o de condición,
porque en el juego de la vida
tanto el rey como el peón
al final de la partida
todos van sin remisión
con toda su humanidad vencida
en una caja y en la misma posición.

LA VIDA

La vida usurera te da las migajas
y tú crees que eres el rey
porque en un mundo de ciegos tú eres el tuerto.
La vida es cobarde y te saca navajas
y entonces... ¡o luchas! o eres hombre muerto.

Por la vida no hay que ir de rebajas,
a la vida no le pidas descuento,
porque sin ti... tú ya no eres nada,
sin ti... el cuento se acaba,
sin ti... ya no existe el cuento.

Hay princesas de sonrisa cosmética con blanqueador,
hay silencios que están llenos de voces,
hay justicieros de estrado con un cheque al portador,
hay caperucitas valientes que bailan con lobos feroces.

Hay héroes con batallas ganadas y con la guerra perdida,
hay gente de vida alegre con el semblante muy serio,
hay gente que, aunque la vida le venga derecha,
siempre la acaba torcida.
Gente que va corriendo detrás de la vida
y coje un atajo por el cementerio.

Hay bocas con besos que cierran las cicatrices,
poetas que te acarician el alma
con palabras que no han sido escritas,
hay gente tan buena que se cree todo lo que le dices
a esa gente... dile solo cosas bonitas.

Hay regidores de justicia rehenes del poder,
héroes que solo luchan para ser vencidos,
hay gente que se mira pero no se puede ver,
hay silencios que son más fuertes que los ruidos.

Hay gente que muere en mitad de la "partida",
gente que siempre sufre de tristeza terminal,
gente a la que un error ortográfico le cuesta la vida
por no saber cuando se pone el punto y final.

SUEÑOS DE LIBERTAD

Si de verdad quieres ser libre...
¡¡nunca dejes de soñar!!
cuanto más sueñes...
más grandes serán tus alas,
más lejos y más libre podrás volar.

IGNORANCIA

El sabio calla y escucha
y siempre te deja hablar.
El ignorante habla y habla
y no escucha
y siempre intenta hacerte callar,
es el maestro de todo que no sabe nada
y siempre te quiere enseñar.

Cuando estás solo,
cuando no tienes a nadie,
cuando ya no tienes nada,
entonces tú...
eres lo único que necesitas.

PENSAMIENTOS INDECENTES

Me duele la cobardía de la gente,
todos quieren ser libres
pero nadie se atreve volar.
Mis sueños son diferentes,
sueño que a veces me pierdo
para poderte encontrar.

La vida pasa entre botes de humo, gases lacrimógenos,
cargas policiales, gritos de voces insurgentes,
la gente camina pero siempre está en el mismo lugar.
Pertenezco al clan de los corazones valientes,
de los que son capaces de morir sin dejar de luchar.
Vivo de pensamientos indecentes,
a veces pienso en ti... para poder respirar.

Te quiero como este aire que respiro libremente,
¡¡te quiero!! te lo digo en silencio
para que me puedas escuchar.
Dejemos que el amor nos mate lentamente,
ahora lo único indecente es despertar,
abrir los ojos de repente...
para dejar de soñar.

PRINCESA II

La vida que es puta y vieja
finge estar enamorada,
y poco a poco ya empieza
a tenderte una emboscada.

Traidora por naturaleza
ya te tiene sentenciada,
mientras de abraza y te besa
te da una puñalada,
y la muy cobarde te deja
¡¡bien jodida y mal follada!!

Así... sin caminar ya tropiezas
tres veces de madrugada:
con el dolor y la tristeza
de penitencia obligada.

Y una cruz...
que sin mirarla ya empiezas
a verte crucificada,
y sin darte cuenta le rezas...
la oración equivocada.

POR TODO II

Por las mentiras que decimos,
por las verdades que callamos,
por las veces que partimos
y ya nunca regresamos.

Por las veces que hemos muerto y resurgido,
por las flores que no han vuelto a florecer,
por las veces que queriendo no hemos sido,
por las veces que no nos han dejado ser.

Por las veces que reímos,
por las veces que lloramos,
por el perdón que le pedimos
a los que nunca perdonamos.

Por las veces que le rezo al señor de las alturas
para que las heridas del alma me dejen de doler,
pero el alma es un tejido sin costuras
y a esas heridas no hay agujas que las puedan coser.

Por las veces que perdemos
guerras en las que nunca luchamos.
Por las veces que aún creemos
en un Dios que nunca vemos
pero siempre le rezamos,
por esta vida que es un sueño
del que nunca despertamos.

PALABRAS

Palabras que a veces son un castigo
y otras una bendición.
Palabras que son testigo
de alguna hermosa oración.
Palabras que solo digo
para pedirte perdón.

Palabras que se han perdido
prisioneras de un renglón,
en los versos que te escribo,
en las cartas que van a ningún buzón.
Palabras que vuelan hacia el olvido
sin nombre y sin dirección.

Palabras que a veces no tienen sentido
pero que siempre tienen razón.
Palabras de acento herido
escritas con emoción,
que callan, que no hacen ruido,
para que solo hable el corazón.

MIEDO

Con miedo el poeta no es libre,
no es capaz de pensar.
El miedo atenaza los dedos
de la mano que escribe
y los hace temblar.
El miedo es un tirano invisible
que nos tapa la boca
y nos hace callar.

HIJO DEL VIENTO

Los “Dioses” sonríen una tristeza sin dientes,
la luna sale de noche por un cielo de hormigón,
el día amanece lleno de rostros con sus miradas ausentes,
las niñas pijas vomitan miserias de botellón.

El reloj marca las horas del tiempo
con las agujas paradas.
El amor viene con los pechos descubiertos
y las piernas separadas.
La vida pasa contando cuentos
de príncipes mendigos y cenicientas coronadas.

La vida se ahoga con su propio aliento,
la paz huye perseguida por las balas.
Yo soy hijo adoptivo del viento,
vuelo con el pensamiento,
voy... hasta donde me lleven mis alas.

Yo no quiero ser un soldado
para morir luchando en ninguna guerra.
Yo solo quiero ser un poeta hambriento y olvidado
para comerte a versos...
con toda el hambre de la Tierra.

SI QUIERES SER FELIZ...

Ni buenos ni malos, ni "santos" de putiferio,
ni tontos, ni sabios, ni poetas de lengua incisa,
ni putas, ni monjas, ni almas en cautiverio,
ni "dioses" en el infierno, ni "diablos" orando en misa.

Ni bufones, ni señores con caretos de cementerio,
ni farsantes, ni hipócritas de sonrisa,
ni ricos, ni pobres, ni buitres de ministerio,
ni "idiotas de cojera" corriendo demasiado a prisa.

Recuerda... la vida no es un misterio,
el que es cobarde no avisa,
si quieres ser feliz...
tómate tu sonrisa en serio,
la vida es...
¡¡para morirse de risa!!

Voy escribiendo estos versos
sin mentira ni verdad,
aprendiendo a vivir de sueños
y a morir de realidad.

He llegado tarde a la vida
y ahora me toca empezar,
soy una bala perdida
que nadie quiere encontrar.

Voy caminando derecho
torciendo todas las calles,
mientras me cuento ese cuento,
el mismo que tu ya sabes,
mi mundo es demasiado estrecho
y en mi mundo tu no cabes.

La vida viene y me besa
para esperarme emboscada en un callejón,
tú pones las cartas sobre la mesa,
yo siempre pongo el corazón,
tú eres toda una princesa
y yo un soldadito carne de cañón.

Voy por la noche oscura
sin rumbo a ningún lugar,
la vida es una locura
y yo... un cuerdo de atar.

Sobrevivo...
Al amor que es perro y es viejo,
a las veces que me apuntas y no me disparas,
a los palos que me dan y que nunca me quejo,
a los farsantes de discursos barato que venden mentiras caras,
a los hipócritas...que no les basta un espejo
para mirarse las caras.

LIBRE

Soy poeta por obligación, por sentimiento,
un trabajador de la voz y la palabra,
mi estado civil es rebelde y libre,
libre como el pensamiento,
como la voz que os habla,
como la mano que escribe.

PRINCESA III

Ni princesa ni cautiva,
elige bien tu linaje,
quítate ese disfraz de diva
y ahórrate el maquillaje.

Ni tan seria, ni bufona compulsiva,
ni hipócrita de sonrisa de tatuaje,
ni prepotente ni altiva,
ni soberbia de equipaje,
no vaya a ser que tengas que tragar saliva,
al bajar del carruaje.

No intentes hacerte la viva,
haciéndole a la muerte un traje,
porque hoy la vida te ha puesto arriba,
quizás mañana la misma vida te baje
y te encuentres en mitad de la caída
como un piloto suicida
sin pista de aterrizaje.

Ni buena, ni mala, ni niñata consentida,
ni reina de la noche, ni experta en el camuflaje,
ni golfa, ni santa, ni pecadora arrepentida,
ni belleza de póster, ni muñeca de reportaje,
ni rebelde, ni sumisa, ni desnuda, ni vestida.
Busca un sitio a tu medida
para este largo viaje,
Porque aquí... en la autopista de la vida
todos tienen que pagar peaje.

No sé de dónde vengo,
ni sé hacia dónde voy.
Ser o no ser...
Esa es la cuestión que tengo,
yo quiero ser y no soy.

A la princesa que no te pareces,
a las verdades que nunca te digo,
al cartero que no llama dos veces,
a las cartas que nunca te escribo.

A mis sueños... donde aún permaneces,
a las noches que muero soñando contigo,
a los besos que no te mereces,
a las veces que pongo a Dios por testigo.

A mi corazón... donde nunca amanece,
a los sueños que ya no persigo,
a ese santo que quiere que nadie le rece,
a la suerte que siempre maldigo.

A mi olvido... al que ya perteneces,
a estos versos que son de recibo,
a las deudas que pago con creces,
a esta vida que la tiene tomada conmigo.

A las veces que me apuntas y no me disparas,
a la oscuridad que es la ausencia de luz,
a esta vida traidora que tiene dos caras
y a mí me ha tocado la cruz.

A las manos que mecen la cuna
de la hipocresía y la falsedad,
al poeta que está en la luna
viviendo de sueños, huyendo de la realidad,
a los relojes parados en hora ninguna
que marcan el tiempo de la libertad,
al soldadito que no es de fortuna
que muere soñando contigo
en la triste trinchera de su soledad.

A las princesas de amor a la carta,
a los hipócritas, a los farsantes de nueva generación,
a la miseria, al hambre que ya empieza a estar harta,
a los justicieros de oscura y dudosa reputación.

A esta vida que se ha vuelto triste
y nos mira con ojos de tristeza y de soledad,
a la mentira tan cierta que niega que existe
pero hay mentiras tan ciertas que son de verdad.

A los que van por la vida con los ojos cerrados
porque no quieren vivir para ver,
a los falsos que tienen amigos comprados
por eso siempre los quieren vender.

A los amores que empiezan de broma y acaban de veras,
a la verdad que levanta sospechas,
a la paz de los poderosos que cava trincheras,
a la mentira que se escribe torcida con líneas derechas.

A la justicia que es coja y corta de vista,
al dolor que no compro y me pasa factura,
a la ignorancia que es tonta y se pasa de lista,
a esta vida tan cuerda que es una locura.

A los iluminados y adivinos de pantomima y mascarada,
farsantes, embaucadores y oportunistas de ocasión,
esos que lo niegan todo y no creen en nada
pero el dinero es el santo de su devoción.

A la verdad que a veces no duele pero siempre lastima.
A los que se miran pero no se pueden ver.
A los políticos que nos mean encima
y nos dicen que empieza a llover.

A la justicia de puertas giratorias,
estos versos que escribo con doble sentido,
a los farsantes que siempre nos vienen con los mismos cuentos,
con las mismas historias,
al dolor que siempre me da lo que nunca le pido.

A las que se ponen bonitas para que nadie las vea,
a la paz que viene con pinturas de guerra,
al que dice verdades para que nadie le crea,
a la vida que es vieja y es perra,
que viene con su cara bonita,
para hacerme bailar con la fea.

A las princesas de amores trileros,
a los besos con fecha de caducidad,
estos versos tan libres que son prisioneros
porque los escribo por necesidad.

A los que viven despacio y los mata la prisa,
a las miserias del mundo, a la que se avecina,
a las princesas con sueños de tarjeta visa,
a los amores tacaños que dejan propina,
a esta vida tan seria y cochina,
que cuando te ve se muere de risa
porque por mucho que sepas...
ella es quien te examina.

A las emboscadas que nos tiende la vida,
a los silencios que dan mucho que hablar,
a los que se encierran para encontrar la salida,
a los políticos, esa gente tan seria que no es de fiar,
que nos venden verdades de usar y tirar,
a la vida que empieza derecha y acaba torcida,
a la justicia y el cuento de nunca acabar.

A las verdades que esconden puñales,
a los que buscan justicia en el diccionario,
a las colas del hambre, a las mentiras del telediario,
a los políticos que nos venden postales,
al dolor que no tiene fecha en el calendario.

A los falsos beatos que ponen a Dios por testigo,
a los que abren puertas que después no pueden cerrar,
a esta vida traidora que no es de fiar
que me deja estar vivo...
solo para hacerme llorar.

A los que llenan su vida de magia
sin trucos, papel ni tijeras,
a los "dioses" que suben al cielo en el ascensor,
a esas valientes y hermosas guerreras
que luchan en la soledad de las tristes trincheras:
de la violencia, del miedo y del desamor,
a esas princesas sin cuentos que son verdaderas
que marcan los sueños con rotulador.

A esta vida que es ancha y se hace la estrecha,
a la humanidad que asiste impasible a su propio funeral,
al odio cobarde que enciende la mecha,
al fanatismo, a la barbarie que se esconde y acecha,
a la violencia, al dolor que no tiene final,
a la justicia que está bajo sospecha,
a los *youtuber*, a los coach, a los *influencers*,
a los falsos profetas de un mundo irreal,
a la mentira que se siembra y cosecha,
a la idiotez que se hace viral.

A los profetas del odio que están al acecho,
al dolor que no siembro y siempre recojo,
a la gente que vive sin pan y sin techo,
a la justicia que pasa dando golpes de pecho,
a la paz que viene con sangre en el ojo,
a esta vida, al valor que le hecho,
esta vida que no quiero ni escojo
que me viene torcida aunque vaya derecho.

A los falsos cronistas, a los aduladores,
a las cosas que nunca te pude decir,
a los cerdos que se echan flores,
a esos payasos tan serios que nos hacen reír,
al odio que calienta motores,
a la justicia que se le ven los colores,
a estos versos que escribo para sobrevivir.

Al amor que respira vientos de olvido,
a estos versos que escribo por necesidad,
a los que alzan la voz solo para hacer ruido,
esta vida tan cierta que no es verdad
que viene con todo incluido:
con el amor, con el odio, con la guerra y la paz.

A las palabras que son verdaderas,
a los silencios con punto y seguido,
a esas manos tuyas que son carceleras
de todas las caricias que nunca he tenido.

A la resaca de mis borracheras,
al licor de los besos que no he bebido,
a la soledad de mis noches enteras,
a las veces que aun te sueño sin estar dormido.

A las miradas que son traicioneras,
a las sonrisas con doble sentido,
a estos poemas que son palomas viajeras
y en los corazones construyen sus nidos.

A las heridas de amor que duelen de veras,
a todo ese dolor que nunca he pedido,
a los inviernos tristes de mis primaveras
donde el sol de tus ojos aún no ha salido.

A la soledad de las tristes trincheras
donde aquel soldado se encuentra perdido,
enterrando fusiles, enterrando banderas,
enterrando recuerdos que saben a olvido.

¡¡ Te quiero!! con todo mi cuerpo y las ganas enteras,
con el corazón en mil trozos partido,
¡¡Te quiero!! puedes decirme todo lo que quieras,
¡¡pero nunca me digas que no te he querido!!

A los cupidos de barra con tiro certero,
a los besos sicarios de bocas traidoras,
a las cartas que ya no me trae el cartero,
a los relojes sin tiempo que marcan las horas.

A las leyes injustas que desacato,
al dolor y a las penas del telediario,
a las princesas y héroes de cuento barato,
a los farsantes que nunca han sudado un salario,
a los amores de un polvo...que duran un rato.

A los niños que ya no le temen al coco,
al pirata en un palacio escondido,
al poeta que dicen que se ha vuelto loco
porque escribe los versos con mucho sentido.

A los beatos de golpe en el pecho,
a los profetas de falsas doctrinas,
a las princesas sin trono que viven sin techo,
a los que andan torcidos por el camino derecho,
a las verdades que duelen porque tienen espinas.

Al que las hace y nunca las paga,
A las flechas que no me dispara cupido,
A la verdad que nos mete el dedo en la llaga.
A tus besos que nunca recuerdo...
porque siempre me saben a olvido.

A la prensa de tanto cuentista,
al dolor que me apunta y dispara,
a la vida barata que sale muy cara,
a la justicia que es corta de vista
y no mide a todos con la misma vara.

A los que encienden el móvil y apagan el corazón,
a esta vida que no es de fiar,
que solo cuando ella quiere me saca a bailar,
al tiempo que ya no nos da la razón,
a las penas sin hambre que hay que tragar.

Al falso testigo que suda la gota,
a vocero de verbo secreto que todo lo larga,
al poeta de versos enteros con el alma rota
y la vida aparcada en un carga y descarga.

A la justicia trilera del tanto por ciento,
al amor que es muy tonto y se pasa de listo,
a los besos que saben a racionamiento,
a esta vida tan cierta que niega que existo.

A los recuerdos que a veces me saben a olvido,
a esta vida sin pies ni cabeza,
a estos versos que escribo sin mucho sentido,
a nuestra historia que acaba y no empieza,
a esas cosas tan ciertas que no han existido.

A Chavela Vargas y a Joaquín Sabina,
a la vida que es corta y la pena muy larga,
a todos los bares que son mi oficina,
a los besos dulces de una boca amarga.

PALABRAS DESORDENADAS

PALABRAS DESORDENADAS

Empáchate de valor
y deja que mueran de hambre tus miedos.

***

No te regales...
pero tampoco te vendas.

***

Si crees que lo sabes todo...
procura estar siempre
rodeado de ignorantes.

***

Júrela amor eterno a la vida
y celebra que siempre sea tu día.

***

¡¡La vida es maravillosa!!
pero los genios...
no salen de las lámparas.

***

A los falsos, a los hipócritas,
no les basta un espejo
para mirarse las caras.

Si te acuestas con la cabeza llena de miedos
no tendrás sitio para tus sueños.

***

No esperes a que suene la música
para empezar a bailar.

***

Hoy te ha tocado ser tú,
no te hagas esperar.

***

Si quieres que todos lo sepan
dile al que se lo cuentes
que no se lo diga a nadie.

***

Hay gente que siempre sonríe para la foto
y se pone muy seria para la vida.

***

Si sueñas... vives,
si vives... sueñas.

El mejor perfume es el que crean los poetas
porque todas sus palabras
huelen a poesía.

La vida se llena de magia
para los que viven sin trucos.

***

Señor… tú que llenas de idiotas el mundo
ten piedad de nosotros.

***

Cree en ti…
sobre todas las cosas.

***

La vida es una locura
y yo un cuerdo de atar.

***

Necesito algo en lo que creer…
Pero hoy he visto a DIOS en la basura
buscando algo que comer.

La vida es como un teatro:
se alza el telón,
se apagan las luces,
se encienden los sueños,
y cuando todo se vuelve oscuro...
aparecen las estrellas.

A la vida le debo casi todas las cosas
y también... alguna disculpa.

***

Al amor le debo casi todas las cosas
y también... alguna disculpa.

***

Dicen que los hombres no lloran
entonces yo...
aún sigo siendo un niño.

***

Solo el ruido de tus alas
podrá apagar mi voz.

***

O nos comemos el mundo
o nos morimos de hambre.

Ellos quieren que su niña
sea una cantante famosa o una gran actriz,
ella solo quiere jugar, ser libre como el viento,
ellos le cuentan cuentos para que sea feliz,
ella quiere ser feliz sin tanto cuento.

Si lo has intentado con todos
y no lo has conseguido con nadie,
ya va siendo hora...
de que lo intentes contigo.

Yo sin mí...
no soy nadie...

***

El amor de mi vida
siempre he sido yo.

***

Las únicas cadenas que soporto
son las que me atan a la libertad.

***

Si me hablas en verso
tendrás un grave poema.

Ella le dejo por un político
porque él... era solo un poeta
y a ella le gustaba más el teatro
que la poesía.

No siempre podemos tener
todo lo que queremos,
pero siempre podemos querer
todo lo que ya tenemos.

***

Yo soy el rey de mi vida,
mi único Dios verdadero,
dueño y señor de todas mis cosas
por el que vivo, por el que muero.

***

Hazle el amor a la vida
todos los días
antes de que la muerte
un día te joda.

Los libros...
Son un arma poderosa y destructiva
que tienen el poder
de acabar con toda la ignorancia.

Si pudiera irme muy lejos...
regresaría a mi infancia.

***

Asfixia más la soledad
que la contaminación.

***

Si quieres algo distinto
no sueñas siempre lo mismo.

***

Mi corazón es ese lugar tan pequeño
donde siempre hay sitio para todos.

***

No busques el futuro
en los periódicos atrasados.

Que triste es vivir...
solo para darte cuenta de que existes.

***

Los ignorantes nunca tienen sed ni hambre,
pero se devoran a sí mismos
con sus propias bocas.

****

Ayer se me acercó un "muerto"
pidiéndome la vida.

***

No eches la culpa a los demás de tus desgracias.
Si quieren ver al culpable...
solo tienes que mirarte en el espejo.

***

¡¡Vive como una fiera salvaje y libre!!
no dejes que el miedo te someta
y se convierta en domador.

***

A veces las mentiras son hermosas,
a veces el dolor...
también es poesía.

Yo voy abriendo jaulas
para que vuelen libres tus alas.

***

La vida me quiere solo hasta que muera

***

La mayor distancia entre las personas
es la indiferencia.

A veces... un milagro,
es simplemente
una buena persona
que pasa por tu lado
y te alegra la vida
con una sonrisa.

El cerebro es...
como un rompecabezas,
a unos le sobran
y a otros le faltan piezas.

Si me das el golpe de gracia
que sea...
para morirme de risa.

***

Mi primer amor
ha sido el amor propio.

***

¡Si no me dieras tanto asco!
te besaría en la boca,
le dijo la verdad a la mentira.

***

¡¡Sonríe!!
Si quieres tomarte
la vida en serio.

La vida es un libro abierto
que las mentes cerradas
no saben leer.

***

¡¡Vuela!!
pero no le robes el cielo a nadie.

***

A veces...
Todo lo que necesitas
Eres... tu.

***

Porque a mí...
no hay Dios que me aguante
Con cuatro versos de más.

El que tiene muchos pájaros en la cabeza
también tiene muchas alas.

***

Tu di siempre la verdad,
para que el que te diga lo contrario
te tenga que mentir.

***

De nada te sirve volar
si no vuelas con tus propias alas.

***

A los que creen que lo saben todo
y empiezan a saber nada.

¡¡Sonríe!!
porque sonreír...
es la manera más divertida
de tomarse la vida enserio.

***

En un mundo de hipocresía,
lleno de mentiras y de falsedad,
decir la verdad...
es un acto de rebeldía.

***

Para ser feliz...
No hace falta ser un genio,
basta...
con ser ¡¡genial!!

Y entonces...
comencé a vivir...
a ser más humano,
menos perfecto
y más feliz.

***

Si tu camino se llena de "piedras"
que sean preciosas.

¡¡El Rey León ha muerto!!
es tiempo de buitres
de chacales y de hienas.

A los corruptos...
que tienen poco que decir
y mucho que contar.

***

El odio levanta muros
el amor construye puentes.

***

¡¡ Esto es insostenible!!
dijo un soldado
Y todos soltaron las armas.

***

Jamás pidas permiso
para ser feliz.

Ríe, canta, baila, sueña, ¡¡vive!!
Se raro, loco, distinto,
libre, valente y atrevido,
que no te importe
lo que los demás digan de ti...
jamás pidas permiso para ser feliz.

***

Los sueños más hermosos,
los más verdaderos
son aquellos que, aunque tú ya estés despierto
aun los sigues soñando.

Cuanto menos cuentes...
mejor te saldrán las cuentas

***

A las sonrisas...
que valen mucho
y cuestan muy poco.

***

El que está lleno de miedos
también se llena de cadenas.

***

El que se llena de miedos
también se llena de cadenas.

***

Cuando apaguemos la luz...
que sea para encender los sueños
no para quedarnos dormidos

CANCIÓN DE VIDA

(Sobrevivimos)

Nota del autor:

En estos versos el poeta nos da una versión de como él ve la vida y el mundo que le rodea desde un punto de vista íntimo y personal.

Algunos de estos versos están intencionadamente repetidos para que el lector tenga la libertad de interpretarlos y adaptarlos a su manera de pensar.

A. D. F.

CANCIÓN DE VIDA

Sobrevivo...
Desafiando a la muerte con la vida pendiente de un hilo,
a lo que nunca se sabe porque nadie lo cuenta,
a las puñaladas traperas, a las lenguas de doble filo.
Sobrevivo... ¡sin pasarme de listo!
porque hay tontos que mueren por saber más de la cuenta.

Sobrevivo...
A los que quieren ser importantes y acaban siendo solo tierra,
a los que salen para dentro y entran para fuera.
a los que buscan la Paz haciendo su propia guerra,
a esta vida que me quiere solo hasta que muera.

Sobrevivo...
a las cartas que te escribo sin principio y sin final.
Sobrevivo... sin la luz de tus ojos en esta noche triste y oscura.
a los iluminados y a los adivinos de la bola de cristal.
Sobrevivo... ¡como un loco!
porque volverme cuerdo sería una locura.

Sobrevivo...
A la tristeza de una sonrisa recién pintada,
a los buitres con sus macabras danzas,
a los que lo cuentan todo y no saben nada,
a los fumigadores con insecticidas de odio
que exterminan sueños y esperanzas.

Sobrevivo...
A los ignorantes, que solo van de paso por la vida,
al poder de la justicia, a la justicia del poder,
a los que siempre entran buscando una salida,
a los que creen que echar un polvo...
es lo mismo que joder.

CANCIÓN DE VIDA

Sobrevivimos...
A los recuerdos borrados en tiempos de olvido,
a los héroes que sobreviven en un mundo de impostores,
a los corazones que luchan hasta el último latido.
Sobrevivimos... a la primavera cautiva en un ramo de flores.

Sobrevivimos...
A los sueños comprados con una tarjeta de Visa,
a los que piden justicia donde no la quieren dar;
a los que lloran y les pintan una sonrisa,
a los gritos del silencio... que nadie quiere escuchar.

Sobrevivimos...
Al silencio de los corderos que aceptan su destino,
a la libertad del pensamiento que nunca ha tenido dueños,
a los versos que se escriben con acento clandestino,
a los que guardan estrellas para las noches sin sueños.

Sobrevivimos...
A los que caminan solos en su último viaje,
a los besos que nos sacuden el alma y nos llenan de temblores,
a las heridas que se ocultan detrás del maquillaje,
a los muertos del olvido, a los que nadie les lleva flores.

Sobrevivimos...
A los poetas que escriben versos con la mirada,
a las manos que nos rozan la piel y nos hacen volar,
a los que lo tienen todo, pero viven colgados de la nada,
al amor que es lo único que aún nos hace soñar.

Sobrevivimos...
A la cordura que nos está volviendo locos,
a las heridas del alma que no se pueden coser,
a la justicia que camina deslumbrada por los focos,
a los tiranos que nos llenan de escalofríos y no nos dejan toser.

CANCIÓN DE VIDA

Sobrevivimos...
A la Bella y la Bestia, a Cenicienta y al príncipe encantado,
a los que nunca deben nada, pero siempre tienen cuentas pendientes;
a la justicia que es un cuento viejo y caducado.
Sobrevivimos... con una rosa en cada mano y un cuchillo entre los dientes.

Sobrevivimos...
A la vida que nos dice "Hola" y "Hasta luego",
a los ojos que nos ven pero que no nos saben mirar,
a los que buscan cenizas donde nunca hubo fuego,
a los besos que son el único aire puro que aún se puede respirar.

Sobrevivimos...
A este mundo cada vez más deshumanizado,
al hambre, a la miseria permanente y revisable,
a la confusión, al caos, al desorden organizado,
a los economistas que creen que el dolor también es calculable.

Sobrevivimos...
A los embaucadores que nos venden cielos a la carta,
al dolor, a la tristeza, a la miseria por decreto;
Sobrevivimos... al hambre ¡que ya empieza a estar harta!
A los voceros, que lo cuentan todo y dicen que es un secreto.

Sobrevivimos...
A la primavera cautiva en un ramo de rosas,
a los poetas empachados de grandeza que vomitan poesías.
Sobrevivimos... a los que buscan venganzas cavando fosas,
a los que dejan que la realidad... devore sus fantasías.

CANCIÓN DE VIDA

Sobrevivimos...
Al Capitán Garfio, al Lobo Feroz y a Caperucita Roja,
o las armas de destrucción masiva: a la ignorancia, a la idiotez.
Sobrevivimos... bailando sobre la cuerda floja
cayéndonos y levantándonos una y otra vez.

Sobrevivimos...
A las batallas ganadas y a las guerras perdidas,
Sobrevivimos... a la vida y a la muerte enamorada.
Sobrevivimos... a los renglones derechos con las palabras torcidas.
Sobrevivimos... en silencio con la voz amordazada.

Sobrevivimos...
A los que un día se han ido y ya no pueden volver,
a la idiotez, a la ignorancia por contaminación;
al poder de la justicia, a la justicia del poder;
Sobrevivimos... a la asfixia por exceso de respiración.

Sobrevivimos...
Al pánico, al vértigo, al sudor, a la sangre y a la saliva.
Sobrevivimos... en el tiempo desde el principio hasta el final.
Sobrevivimos... como gatos peleando panza arriba.
Sobrevivimos... por lo civil y también por lo penal.

CANCIÓN DE VIDA

Sobrevivimos...
A la triste realidad de una historia inventada,
a los héroes que mueren sin medallas ni honores.
Sobrevivimos... a la tristeza de una sonrisa recién pintada.
A las miradas furtivas no aptas para menores.

Sobrevivimos...
A las princesas de sueños colgados en los probadores,
a los versos llenos de métrica y vacíos de sentimientos;
a los héroes que sobreviven en tiempos de impostores.
a las manos cobardes que cortan las alas y asfixian alientos.

Sobrevivimos...
A los poetas que venden mentiras en versos impresos,
a los beatos de patética y agónica devoción;
Sobrevivimos... a las bocas furtivas ladronas de besos,
a las voces prohibidas que no tienen alas
pero vuelan con una canción.

Sobrevivimos...

A las arenas movedizas, al barrizal, a la ciénaga y al socavón,
a las muñecas de belleza de póster e ignorancia planetaria.
Sobrevivimos... a las pompas fúnebres y a las pompas de jabón.
A los sueños... que siempre tienen nombre de sucursal bancaria.

Sobrevivimos...
a la cobarde violencia de tantos idiotas repetidos,
Sobrevivimos... a la justicia y a su eterna mascarada,
a las fosas comunes, a los muertos, a los desaparecidos.
Sobrevivimos... en silencio con la voz amordazada.

CANCIÓN DE VIDA

Sobrevivimos...
A los que van rezando y con el mazo dando,
a la Paz con fusiles, a la Libertad vigilada,
a las imposiciones, a la tiranía del ordeno y mando,
Sobrevivimos en el tiempo... al todo y a la nada.

Sobrevivimos...
A la verdad, a la mentira y a todo lo contrario,
al terror, al miedo, al silencio por obligación,
a la justicia escrita con cifras de talonario.
Sobrevivimos... a la vida, a la muerte y a la resurrección.

Sobrevivimos...
A todo lo que ya no se recuerda pero que jamás se olvida,
a los poetas pijos con sus versos enlatados.
Sobrevivimos... a la tristeza con la sonrisa prohibida.
Sobrevivimos... a los golpes y a los palos que nos caen por todos lados.

Sobrevivimos...
A los héroes de una historia programada,
a las sonrisas de *selfie* con fecha de caducidad,
a los que quieren ser todo y acaban siendo nada,
a los orgasmos cibernéticos, al amor con exceso de velocidad.

Sobrevivimos...
A los que crucifican verdades con discursos de hipocresía,
a los que dan libertad con alas que están prohibidas,
a los que secuestran palabras y las disfrazan de poesía.
Sobrevivimos... a toda esa procesión de muertos que van perdonando vidas

Sobrevivimos...
A los que someten justicias a golpe de talonario,
a los ignorantes que se llenan la boca de palabras vacías,
a los tiranos, que se envenenan de odio totalitario,
a la Paz... que la matan y la resucitan para enterrarla todos los días.

CANCIÓN DE VIDA

Sobrevivimos...
A los que buscan princesas en castillos de arena,
a los que pintan candados en puertas sin llaves,
a los que les falta una risa y les sobra una pena,
a los que vienen con cuentos que tú ya los sabes.

Sobrevivimos...
A los falsos profetas manipuladores de mentes,
a los que nos regalan el cielo sin ninguna estrella,
a los santos apostólicos, a los santos inocentes,
a ese que no sabe vivir por él...
y siempre quiere morir por ella.

Sobrevivimos...
A los polvos, a los rapapolvos, a la testosterona y a la adrenalina,
al Rey Arturo, Ancelote, a Morgana y a Merlín,
al sexo, al rock and roll, al alcohol y a la gasolina,
a Chernóbil, a Hiroshima, al gueto de Varsovia y al muro de Berlín.

Sobrevivimos...
A la foto fija, a la quietud, a la prohibición del movimiento,
a los poetas de escritorio que hacen versos por encargo,
a los ignorantes atrevidos que ponen rejas en el viento
a los idiotas demasiado cortos que siempre quieren pasar de largo.

Sobrevivimos...
A las miradas que matan, a las miradas sinceras,
a las sobredosis de heroína y las sobredosis de idiotez,
a los incendios sin fuego, a las puñaladas traperas.
Sobrevivimos... uno a uno y todos juntos a la vez.

Sobrevivimos...
A la justicia de los nuevos Torquemadas,
a la hipocresía que es como la mierda,
que no la ves, pero siempre la hueles.
A las bellezas de *selfie* con sonrisas prefabricadas,
a los tiranos, que te cortan las alas y te dicen que vueles.

CANCIÓN DE VIDA

Sobrevivimos...
A las palabras necias que ensordecen los oídos,
a los que están callados, pero dan que hablar,
a los silencios que son más fuertes que los ruidos,
sobrevivimos despiertos... para no dejar de soñar.

Sobrevivimos...
A todos los recuerdos que se ha llevado el olvido.
al futuro... a todo ese dolor que aún no estaba escrito,
a la realidad... porque soñar está prohibido.
Sobrevivimos mirando... porque ver es un delito.

Sobrevivimos...
Buscando en la tristeza la alegría.
Sobrevivimos... a las penas con el mismo sufrimiento.
Sobrevivimos... a la misma gente con la misma hipocresía.
Sobrevivimos... a la misma historia, siempre con el mismo cuento.

Sobrevivimos...
A los que tienen el futuro prisionero del pasado,
a los imperios sobre el hambre construidos,
a la justicia que camina con el paso equivocado.
Sobrevivimos... a todos los silencios y a los ruidos.

Sobrevivimos...
A las sonrisas forzadas en los rostros de amargura,
al olvido, a las lágrimas de la desesperación.
Sobrevivimos... a la luz del día y a la noche oscura.
Sobrevivimos... a la vida, a la muerte y a la resurrección.

Sobrevivimos...
A la tiranía hipócrita disfrazada de democracia,
a los que hablan de paz y llevan sangre en los zapatos,
al humor que a veces no nos hace ni puta gracia,
a la vida que es cara por comprar sueños baratos.

Sobrevivimos...
A los hipócritas de sonrisa ancha y corazón estrecho,
al Sol, que cuanto más lo miras menos lo ves,
a los que van torcidos por el camino derecho,
a los que miran el mundo con los prismáticos al revés.

Sobrevivimos...

A las Caperucitas sin capa que viven del cuento,
a las palabras sensatas que ya no tienen sentido,
a los amores de oferta que vienen con un vale de descuento;
Sobrevivimos... al veneno que tienen las flechas que dispara Cupido.

Sobrevivimos...
A las pintoras sin lienzos que solo pintan sonrisas,
a las heridas del alma que ni el agua bendita las puede curar;
a los que viven despacio y los matan las prisas,
a los fanáticos de corazones de hierro y mentes sumisas
que esperan a estar muertos para resucitar.

Sobrevivimos...
a las costureras con lenguas de aguja
que hacen trajes a medida,
a los que no les hace falta un reloj
para saber cuánto les llega la hora,
a los que nunca juegan pero siempre pierden la partida,
Sobrevivimos... a la boca que nos besa,
al silencio que conspira y a la voz acusadora.

Sobrevivimos...
A los caminos de rosas y a los caminos de espinas,
al poder de la justicia, a la justicia del poder,
al sexo, al Rock and Roll, a las anfetaminas,
a los que creen que echar un polvo
es lo mismo que joder.

Sobrevivimos...
A Milú y a Tintín, a Micky Mouse, a Snoopy y a Mafalda,
a la vida que empieza y acaba en un segundo.
A la verdad que va de frente y la matan por la espalda,
a los payasos y bufones que dirigen este mundo.

Sobrevivimos...
A los voceros nuevos que cuentan historias viejas,
a los profetas del odio que someten pueblos con falsas doctrinas.
Sobrevivimos... A los "lobos" que guardan "ovejas"
y a los "zorros" que cuidan "gallinas".

Sobrevivimos...
A la Edad Media, a los Reyes Católicos y al Cid Campeador.
A la Paz que tiene un muerto en cada esquina.
A los que creen que cualquier tiempo pasado fue mejor.
A los besos que nos saben a alquitrán y nicotina.

Sobrevivimos...
A todos los cobardes que presumen de valientes,
a los que han sido, a los que no les han dejado ser.
A la Paz que lleva un fusil entre los dientes,
a las heridas del alma que no se pueden coser.

Sobrevivimos...
A los que mueren buscándose la vida,
a los caminos que nos llevan hacia la perdición,
a los que siempre entran buscando una salida.
Sobrevivimos... al aire que respiramos...
y a los besos que nos cortan la respiración.

Sobrevivimos…
En el circo de la vida haciendo magia y dando saltos mortales,
a los adoctrinados, a los vendepatrias y a los patriotas,
al sectarismo, a la obediencia ciega, a los columpios mentales.
Sobrevivimos… a las plagas de insectos y a las plagas de idiotas.

Sobrevivimos...
A los que van descalzos para no hacer ruido,
a la justicia, con todas sus caretas de hipocresía y falsedad.
Sobrevivimos gritando sin pasarnos del tono establecido.
Sobrevivimos... sin poetas, sin borrachos y sin niños
que nos digan la verdad.

CANCIÓN DE VIDA

Sobrevivimos
a las muertes selectivas, a las ejecuciones sumariales,
a la represión, a la tiranía, a los tanques de Tiananmén,
a los botes de humo, a los gases lacrimógenos, a las cargas policiales.
Sobrevivimos, ¡¡ahora y a la hora!! de nuestra muerte, amén.

Sobrevivimos...
a la ceguera de los visionarios y a la oscuridad de los iluminados,
a los teletipos, a las notas necrológicas, a las páginas de información,
a los campos de amapolas y a los campos de refugiados.
Sobrevivimos... con nocturnidad, con alevosía y con premeditación.

Sobrevivimos...
a la alegría de la fiesta, a la tristeza de los funerales.
Sobrevivimos como culpables, inocentes o presuntos implicados.
Sobrevivimos como extras siendo actores principales.
Sobrevivimos malamente ¡¡bien jodidos, mal follados!

Sobrevivimos...
a todas las caretas de hipocresía y falsedad,
a las palabras del miedo y del silencio prisioneras.
Sobrevivimos... a la luz y a la oscuridad,
al horror de los fusiles y al vuelo genocida de las balas traicioneras.

CANCIÓN DE VIDA

Sobrevivimos...
a los mercaderes del hambre y de la guerra,
a los poetas de escritorio que hacen versos por encargo.
Sobrevivimos a todos los "payasos" que dirigen esta Tierra.
A los idiotas demasiado cortos que siempre intentan pasar de largo.

Sobrevivimos...
A las verdades de mentira y a las mentiras verdaderas.
A los racistas que sueñan un mundo sin colores.
Sobrevivimos a los tiranos y a sus tristes calaveras.
Sobrevivimos al olor de las cloacas y al perfume de las flores.

Sobrevivimos...
a la tristeza y a la tiranía de estos versos,
al dolor, al miedo, al llanto, al silencio atroz.
¡¡Sobrevivimos gritando!! hasta que ya solo sean los besos
los que nos tapen la boca y nos apaguen la voz.

CANCIÓN DE VIDA

Sobrevivimos...
A la muerte y a la vida traicionera,
a los cajeros automáticos, a los cheques al portador,
a las ambulancias, a las salas de urgencias, a las listas de espera,
a los sueños... a la Bella Durmiente y al despertador.

Sobrevivimos...
a la hipocresía con todas sus caretas.
Sobrevivimos a todos los recuerdos, a todos los olvidos.
Sobrevivimos... a los "héroes", los "dioses", los poetas
¡¡y a todos estos versos atrevidos!!

Sobrevivimos...
al miedo... a la tiranía del odio y del amor,
a todos los cobardes que presumen de valientes,
a los rostros quemados por el ácido, a los crímenes por honor.
Sobrevivimos luchando desde el principio hasta el final...
¡¡agarrados a la vida con las uñas y los dientes!!

Sobrevivimos...
a los fanáticos rebozados de odio y de venganza,
a los cretinos y a los idiotas de ninguna parte.
A Juana de Arco, a Superman, a Don Quijote y Sancho Panza.
A los filósofos, a los políticos y a los críticos de arte.

CANCIÓN DE VIDA

Sobrevivimos...
al banquillo de los inocentes y al banquillo de los acusados,
al dedo que nos señala y a la mano ejecutora.
Sobrevivimos a los poetas con sus versos caducados,
a la boca que nos besa y a la lengua acusadora.

Sobrevivimos...
a la vergüenza de los muros y de las alambradas...
a los imperios sobre el hambre construidos,
a las heridas de la guerra en los ojos y en el alma tatuadas.
Sobrevivimos a todos los silencios y los ruidos.

Sobrevivimos...
a la globalización de la vulgaridad, de la incultura,
a la ignorancia, a la asfixia por contaminación,
a la mediocridad, a la exaltación de la mierda y la basura,
a la idiotez, a la falta de respeto y a la mala educación.

Sobrevivimos...
perdidos en el tiempo en otra dimensión,
a Ulises, Aquiles, al Olimpo de los Dioses y al canto de sirenas.
Sobrevivimos a todos los encuentros con nuestra perdición,
al caballo de Troya y al caballo desbocado que galopa por las venas.

CANCIÓN DE VIDA

Sobrevivimos...
al amargo sabor de la dulzura,
al principio y al final del Universo.
Sobrevivimos con la hermosa sensatez de la locura
como poetas luchando "golpe a golpe, verso a verso".

Sobrevivimos...
al toque de queda, al estado de sitio, a la ley marcial.
a la Teoría de la Relatividad: a todo lo que sube y ya no baja.
Sobrevivimos por lo civil y también por lo penal
a punta de pistola y al filo de la navaja.

Sobrevivimos...
a los muertos sin identificar, a sus señorías y sus credenciales,
a la burocracia, al papeleo, a las ventanillas, a la Administración,
a los internados, a los orfanatos, a los correccionales,
a la caza de brujas, a la Edad Media y a la Santa Inquisición.

CANCIÓN DE VIDA

Sobrevivimos...
a la jauría humana, a las redes sociales, a la soledad,
al rigor científico, al cambio climático, al efecto invernadero,
a los hipócritas que inventan guerras en nombre de la paz,
al dolor que no es justo pero que es verdadero.

Sobrevivimos...
al muro de Berlín y al telón de acero,
a la CIA, a la KGB, a la Guerra Fría, a la amenaza nuclear,
a Hiroshima, a la bomba atómica, al 11-S, a la Zona Cero.
Sobrevivimos en silencio... sin apenas respirar.

Sobrevivimos...
a las batallas ganadas y a las guerras perdidas,
al amor cobarde, al odio vil y traicionero,
a la gravedad de la Tierra y a la gravedad de las heridas,
a Wall Street, a la bolsa, al petróleo y al dinero.

CANCIÓN DE VIDA

Sobrevivimos...
al paso del tiempo y al paso de las procesiones,
al "ángel de la guarda" y al "ángel exterminador",
a los "Santos", a los "Dioses", a las santas oraciones,
a la boca que nos besa, a la lengua que conspira y al dedo acusador.

Sobrevivimos...
al teléfono móvil, al WhatsApp y al ordenador,
a los "héroes" de sonrisa postiza y teleserie barata,
a los que creen que cualquier tiempo pasado fue mejor,
a los jueces y políticos sin alma y corazón de garrapata.

Sobrevivimos...
a la mano dura, al camino recto, al camino equivocado,
a los hipócritas que mienten, aunque digan la verdad,
a la Mona Lisa, a la Gioconda, a Peter Pan y al príncipe encantado.
Sobrevivimos a los sueños y a la puta realidad.

Sobrevivimos...
a los falsos profetas de la verdad absoluta,
a la extinción de las especies y a la multiplicación de los idiotas,
a los racistas, violentos, genocidas y a todo hijo de puta,
a los cerdos que siempre tienen envidia...
de las alas de las gaviotas

CANCIÓN DE VIDA

Sobrevivimos...
a la guerra de la oferta y la demanda,
a las comisiones, al interés, al tanto por ciento.
Al despotismo, a la sumisión, a la tiranía del que "manda, manda"
Sobrevivimos a la asfixia... a penas sin aire y sin aliento.

Sobrevivimos...
a Vietnam: al gas mostaza y al gas Napalm.
Sobrevivimos a la noche oscura y a la luz del día,
al corredor de la muerte, a la silla eléctrica y a la inyección letal.
Sobrevivimos al dolor... que a veces también es poesía.

Sobrevivimos...
al silencio herido de cinismo, a la palabra escondida,
a la mentira que corrompe, a la verdad innecesaria.
Sobrevivimos al odio, a la violencia, a la ignorancia atrevida.
Sobrevivimos a los sueños...
que siempre tienen nombre de sucursal bancaria.

Sobrevivimos...
a los que mienten, manipulan y silencian con total impunidad,
a los asesinos de despacho que matan sin hacer ruido,
a los que llenan de cadenas las alas de la libertad.
Sobrevivimos... a los idiotas de corto y de largo recorrido.

FINAL

Me iré de esta vida con total naturaleza:
en silencio... sin apenas decir nada,
con la frente alta y bien erguida la cabeza,
con paso firme, sin miedo en la mirada.
Me despediré de este reino de tristeza
¡¡con una alegre y sonora ¡¡jajajaja!! carcajada.

Perdonarme un momento,
voy a buscarme
y vuelvo enseguida.

www.ingramcontent.com/pod-product-compliance
Lightning Source LLC
LaVergne TN
LVHW101922220826
846093LV00009B/331